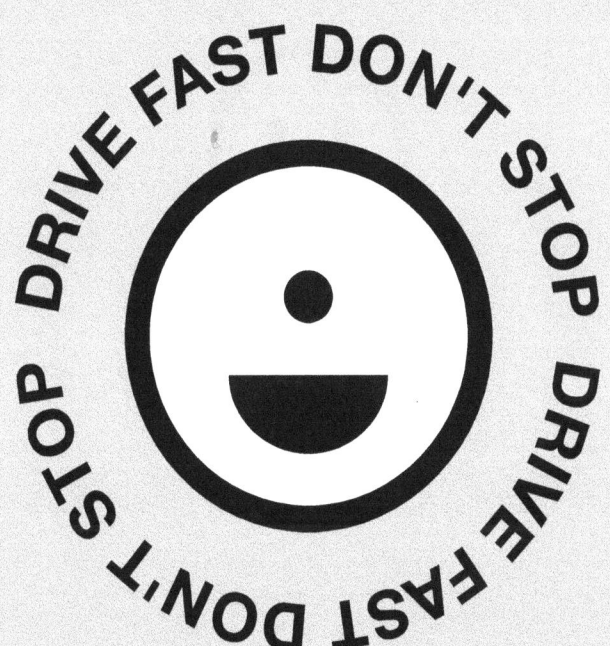

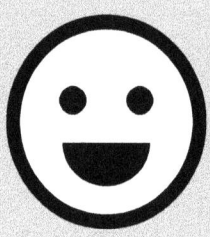

DRIVE FAST DON'T STOP

BOOK ONE

JEEP
G WAGON
ROVER

FAST DON'T

FAST DON'T

E FAST DON'T

VE FAST DON'T ST

RIVE FAST DON'T STO

DRIVE FAST DON'T STOP

DRIVE FAST DON'T STOP

DRIVE FAST DON'T STOP

JEEP

JEEP

JEEP

JEEP

JEEP

JEEP

JEEP

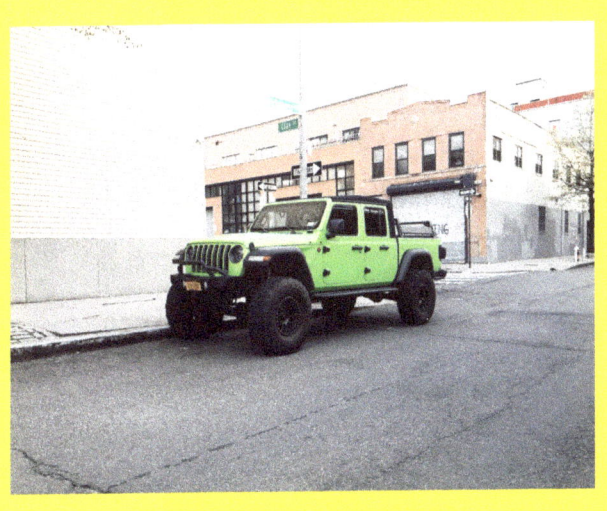

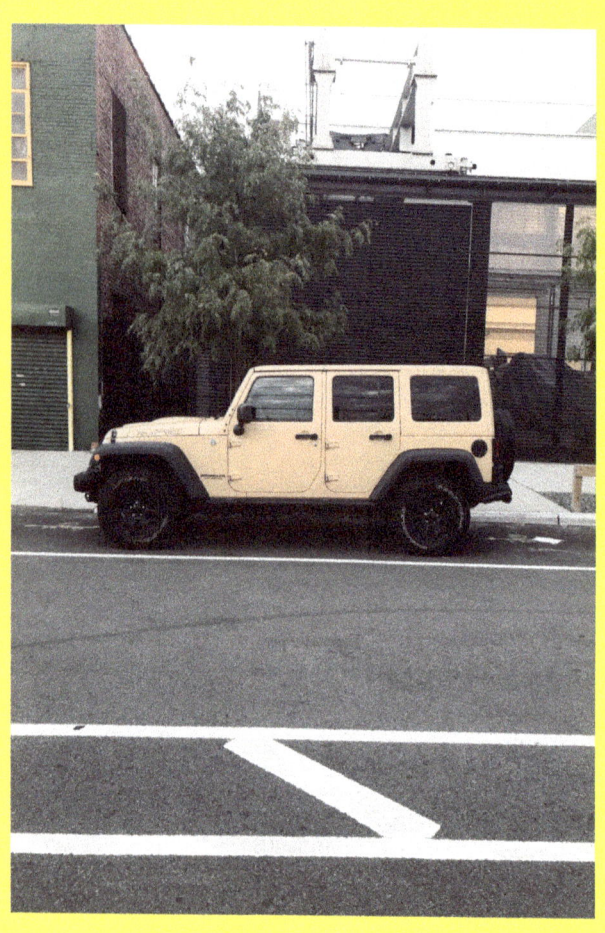

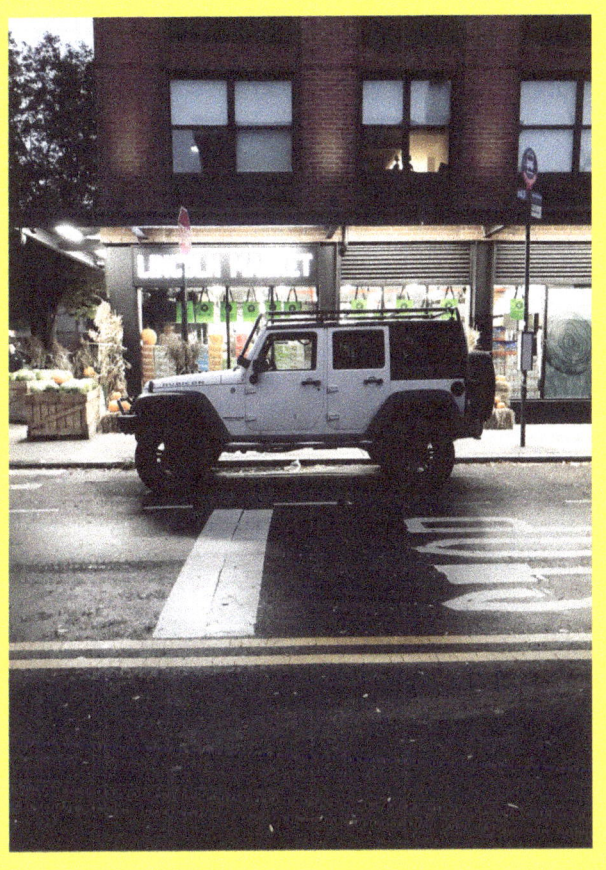

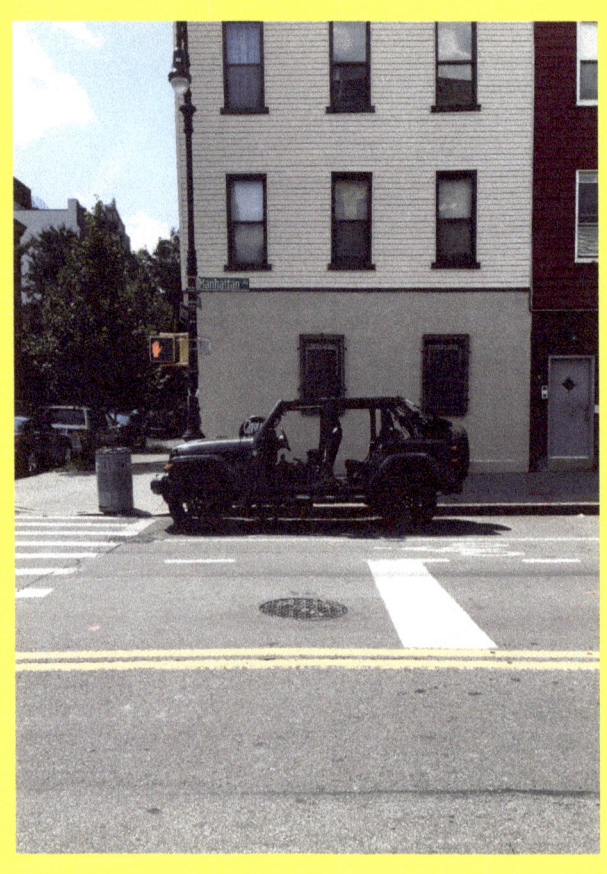

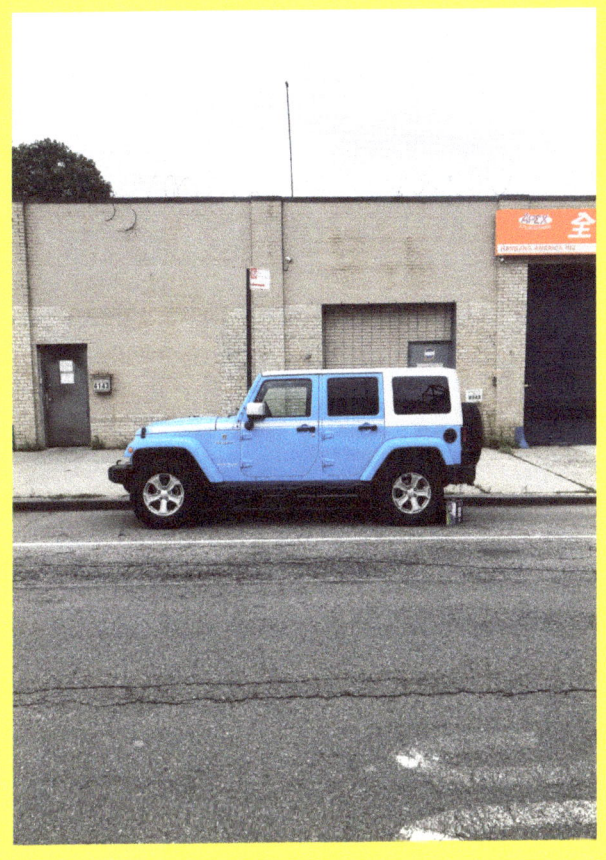

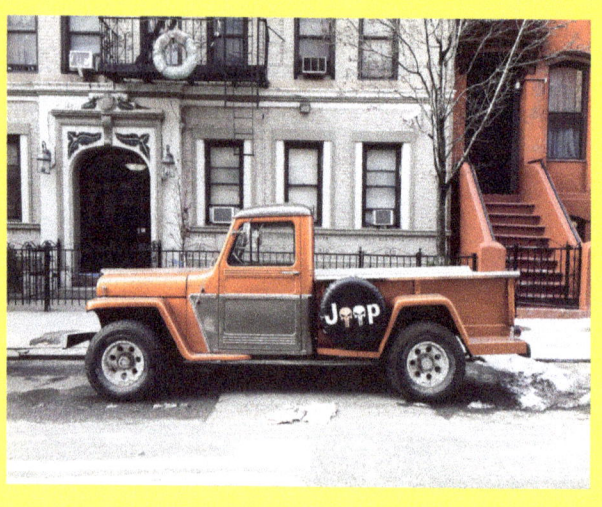

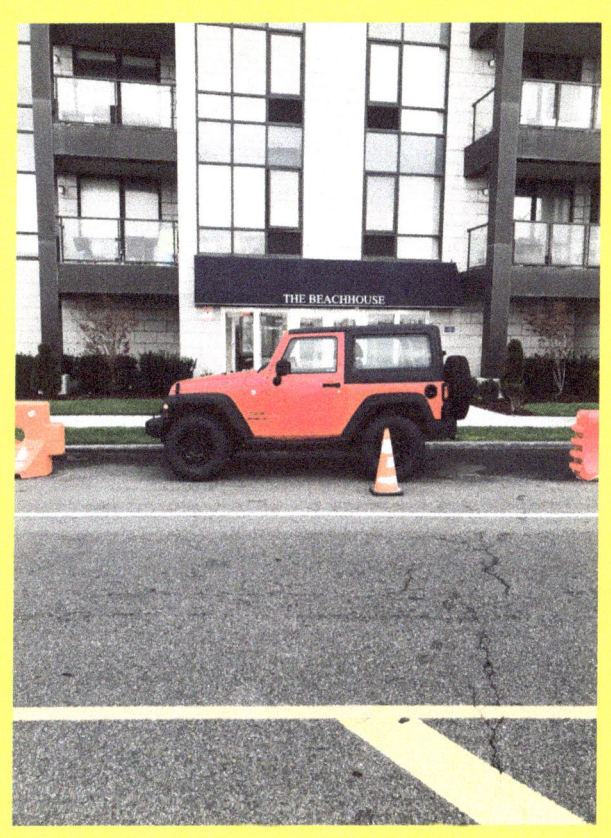

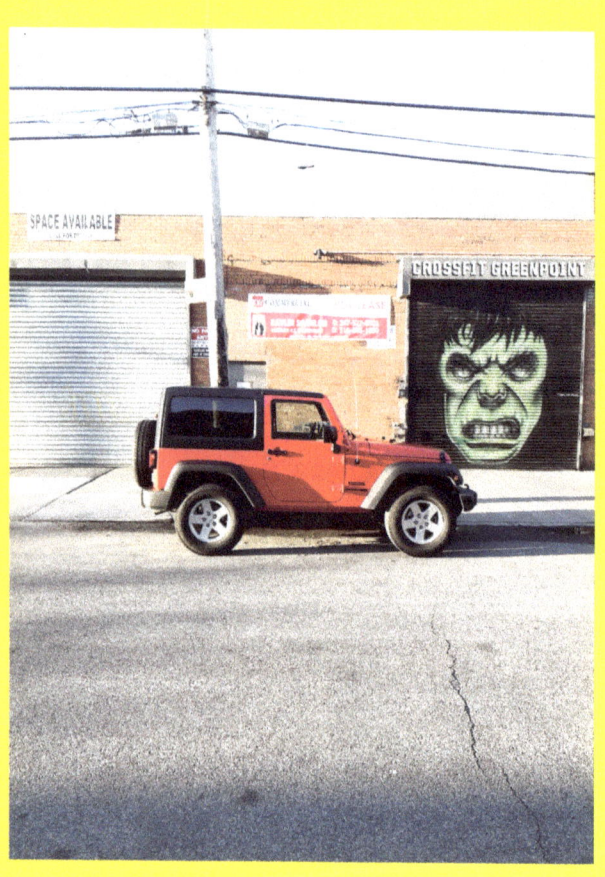

G WAGON

G WAGON

G WAGON

G WAGON

G WAGON

G WAGON

G WAGON

G WAGON

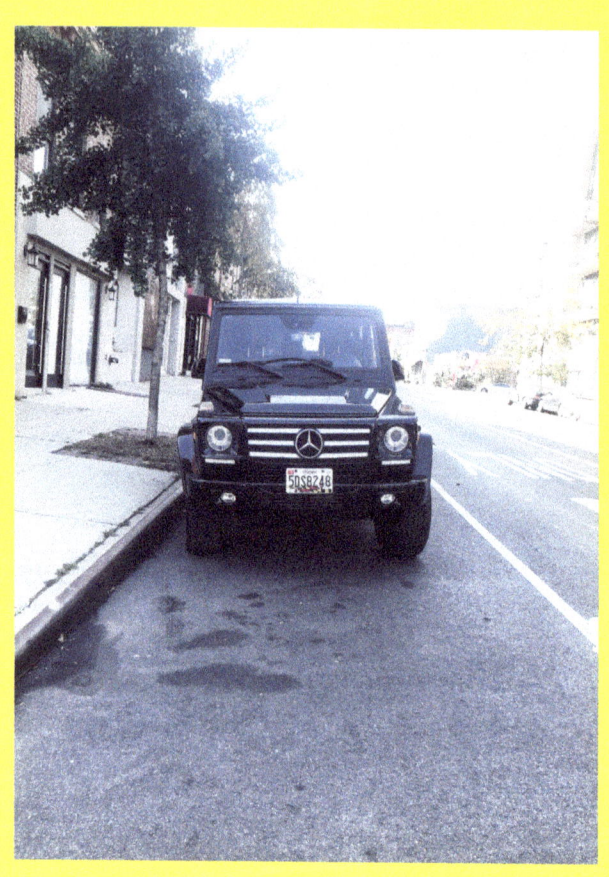

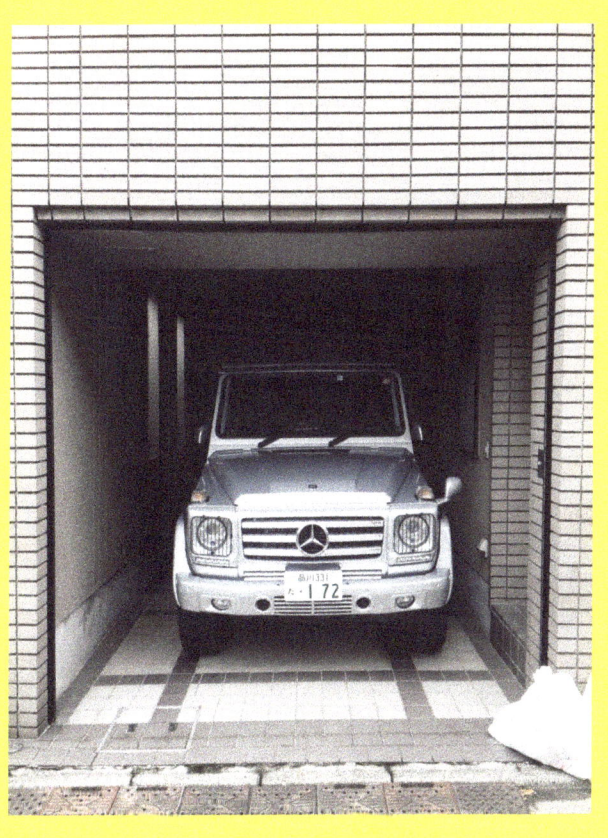

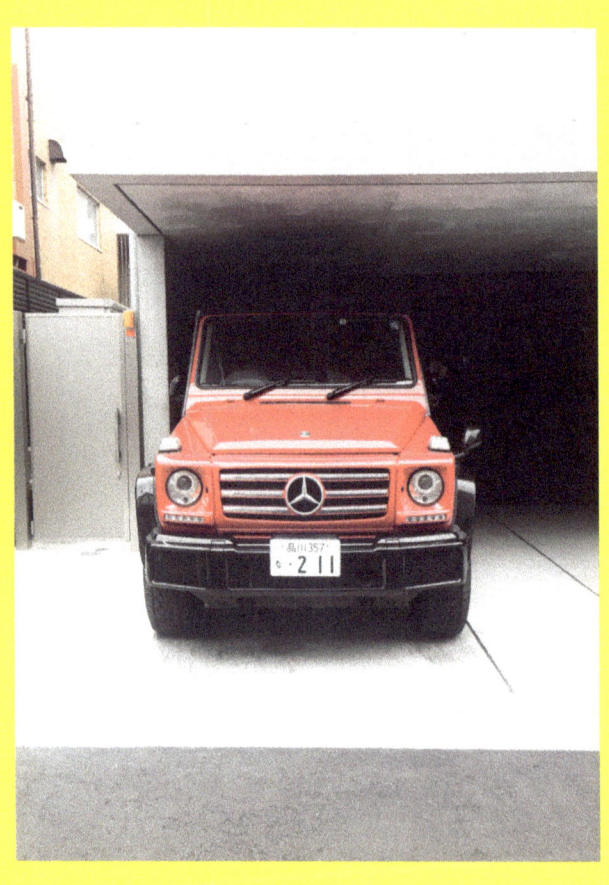

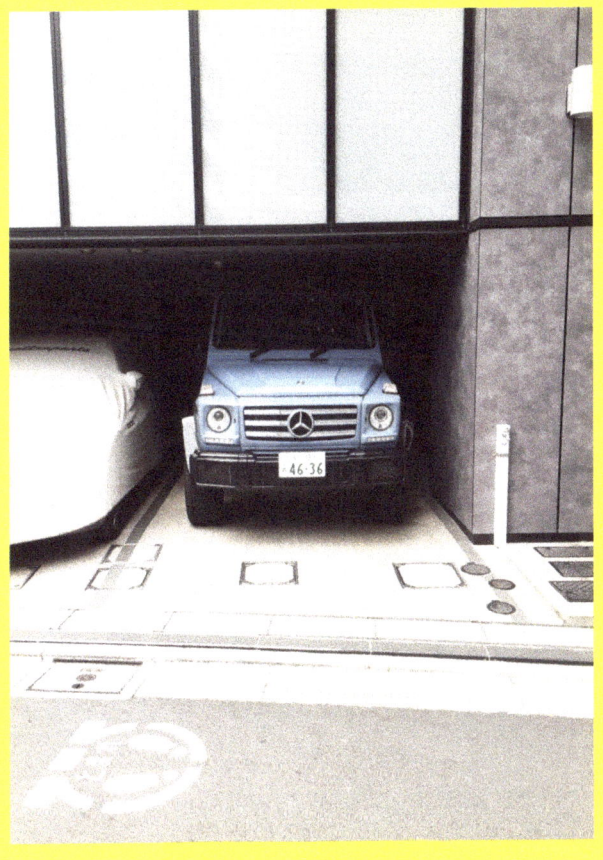

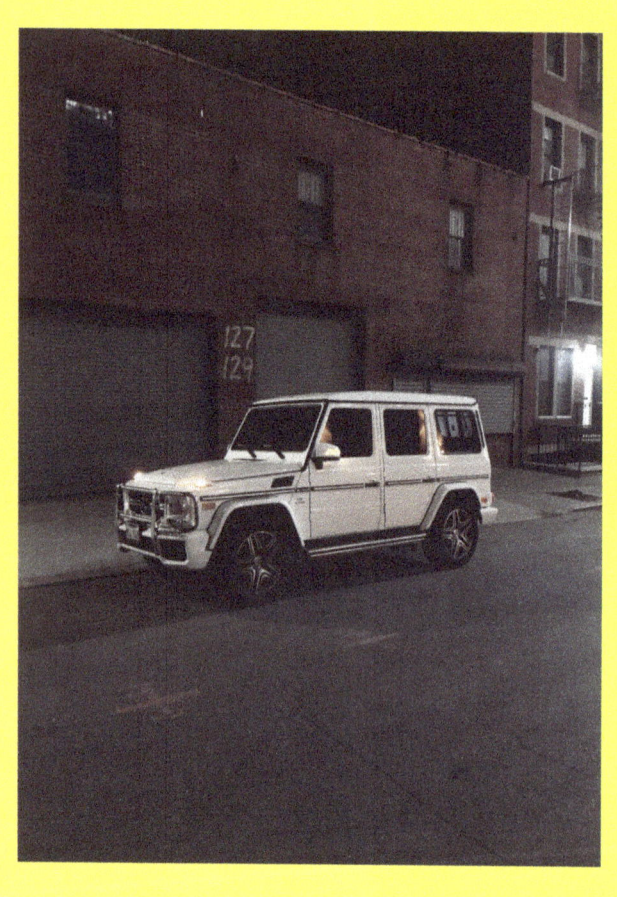

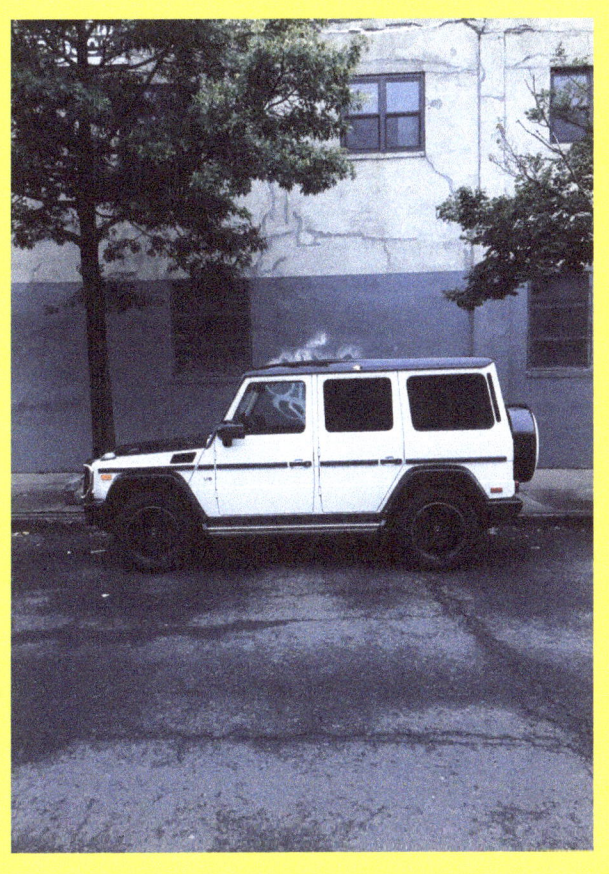

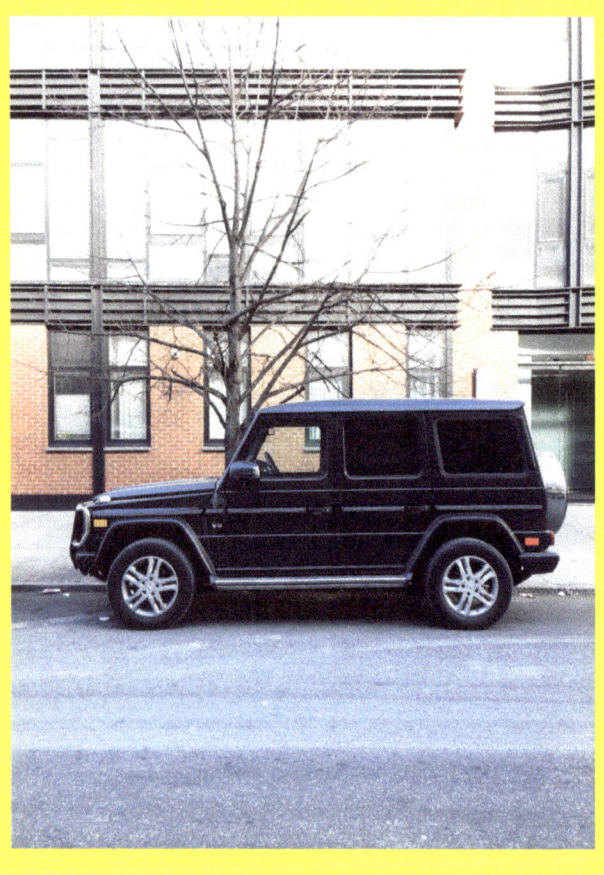

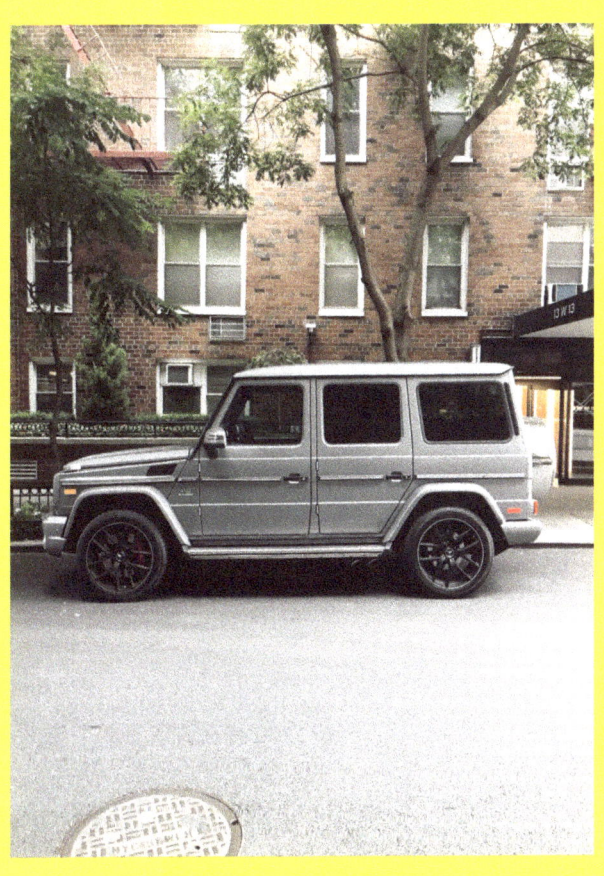

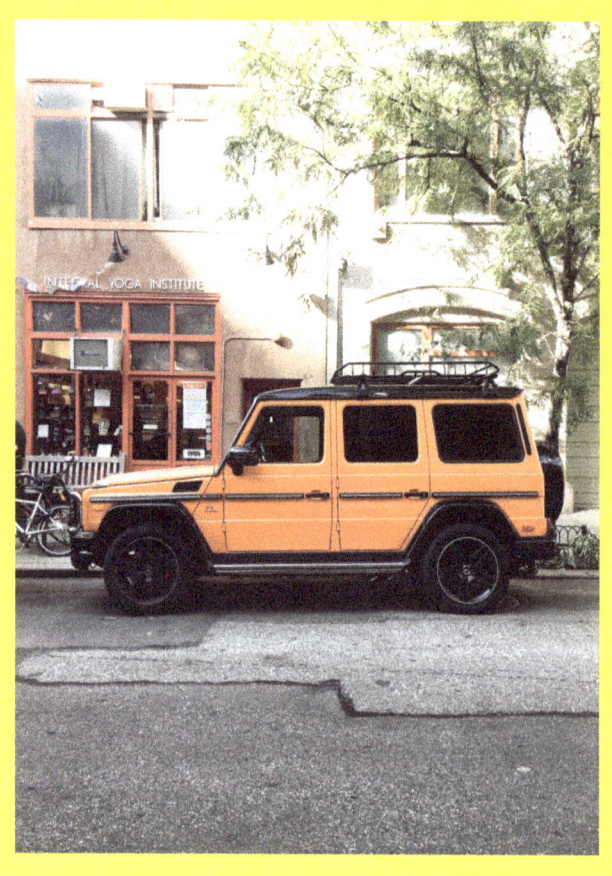

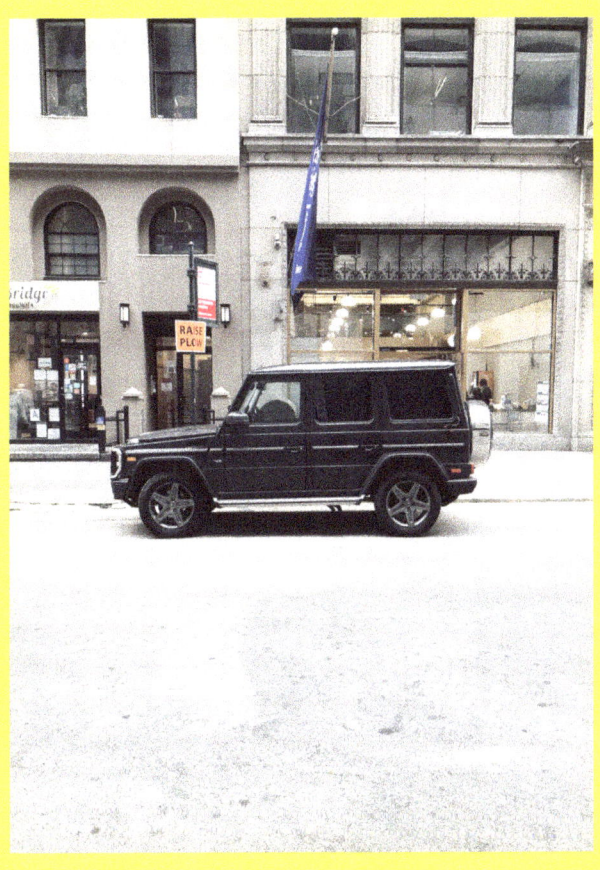

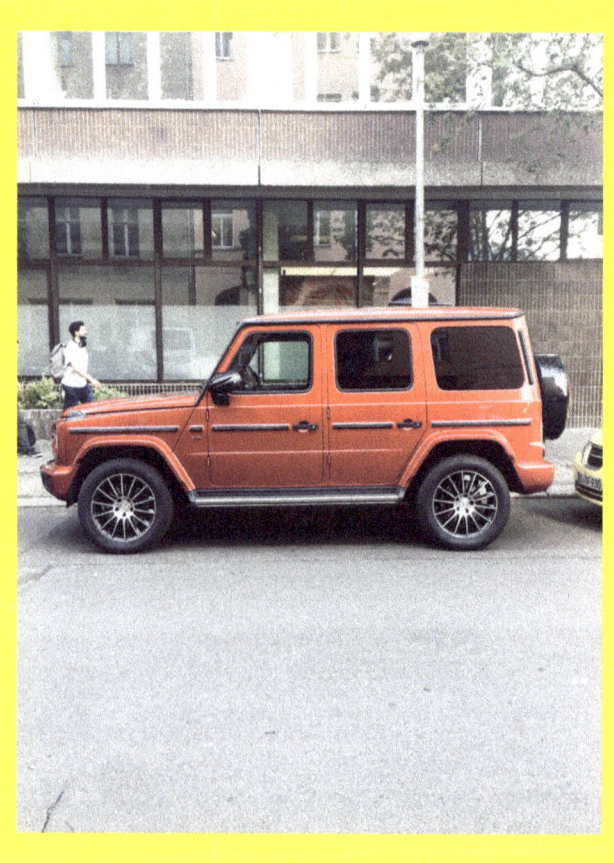

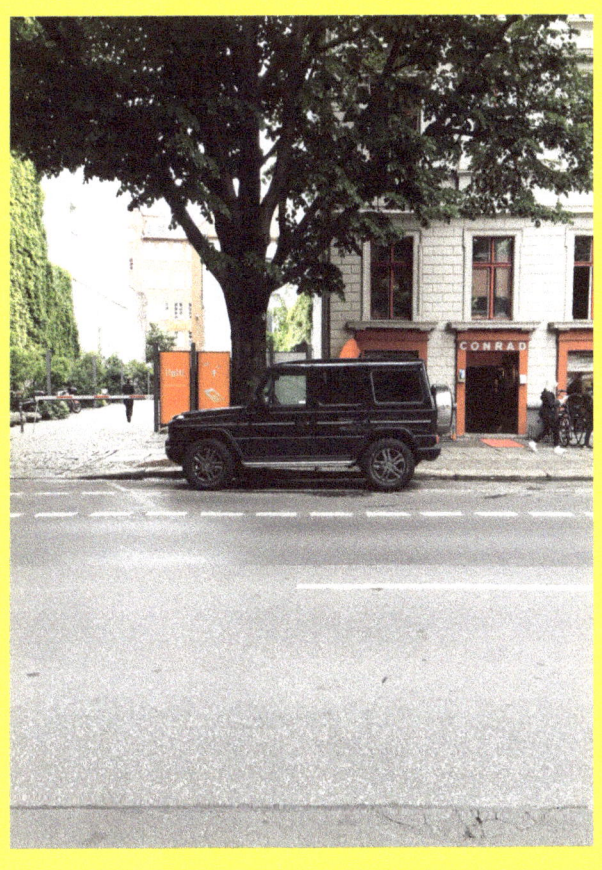

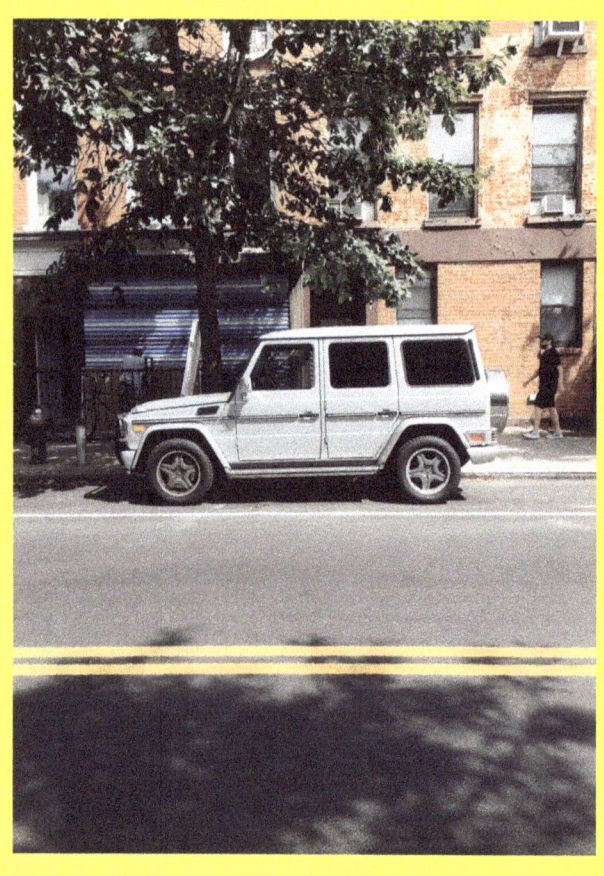

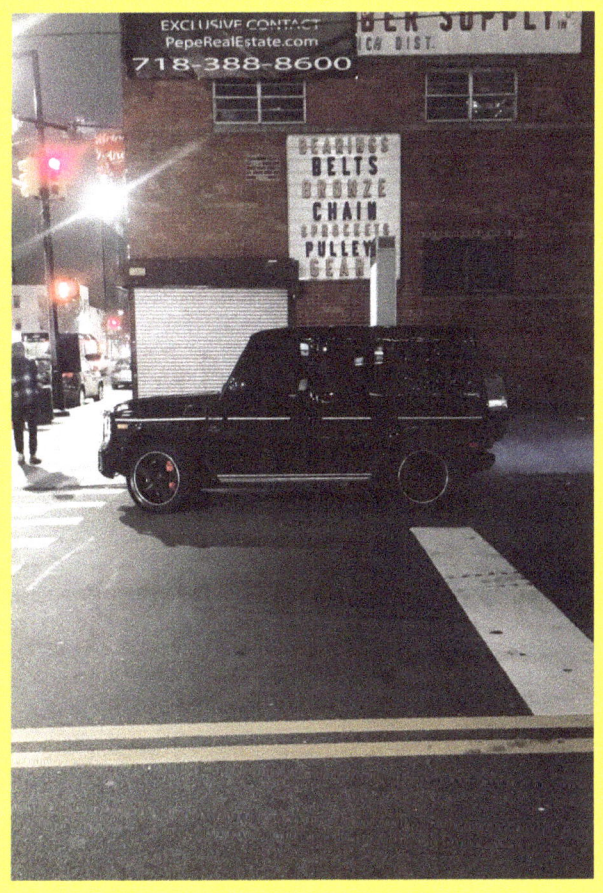

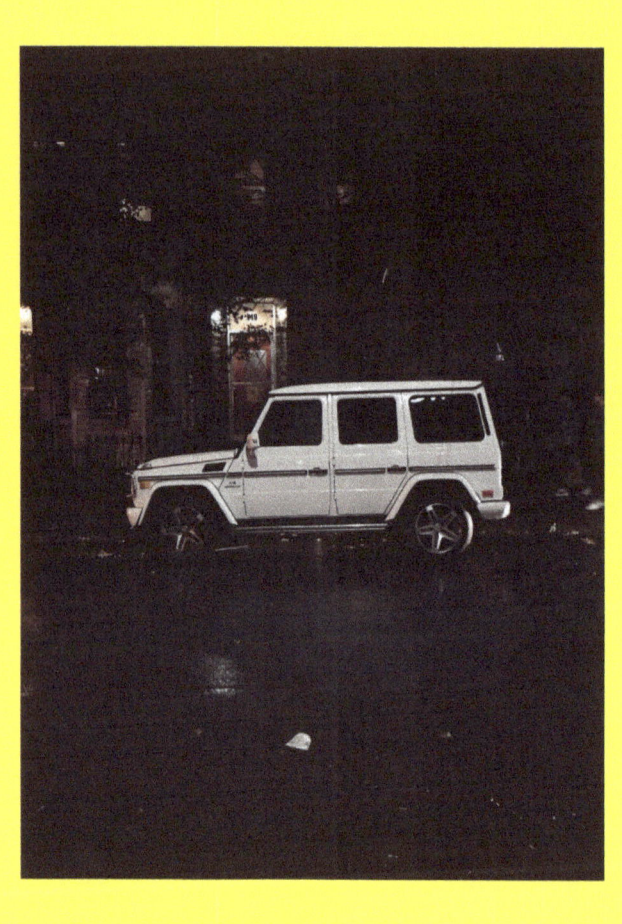

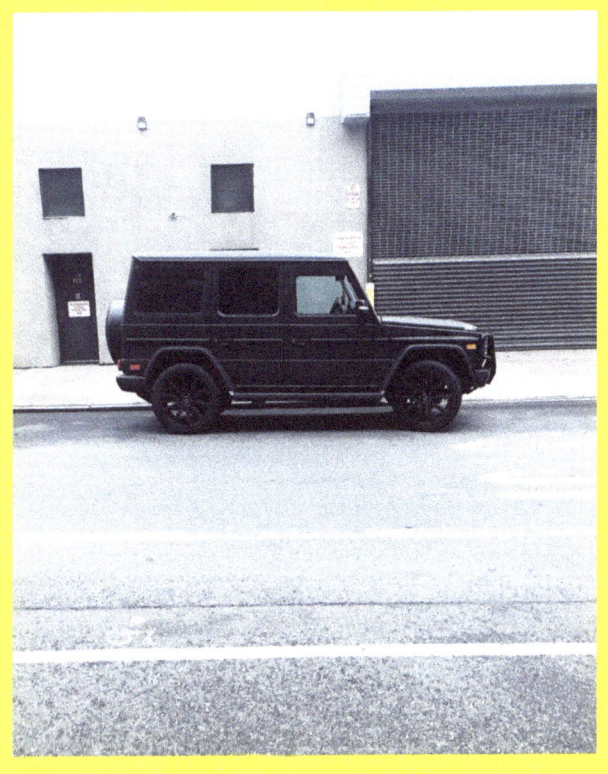

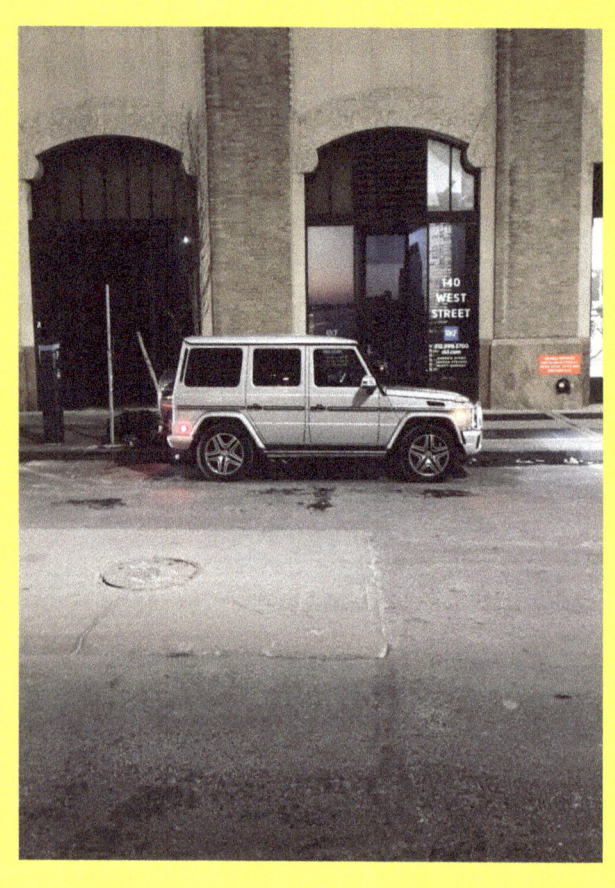

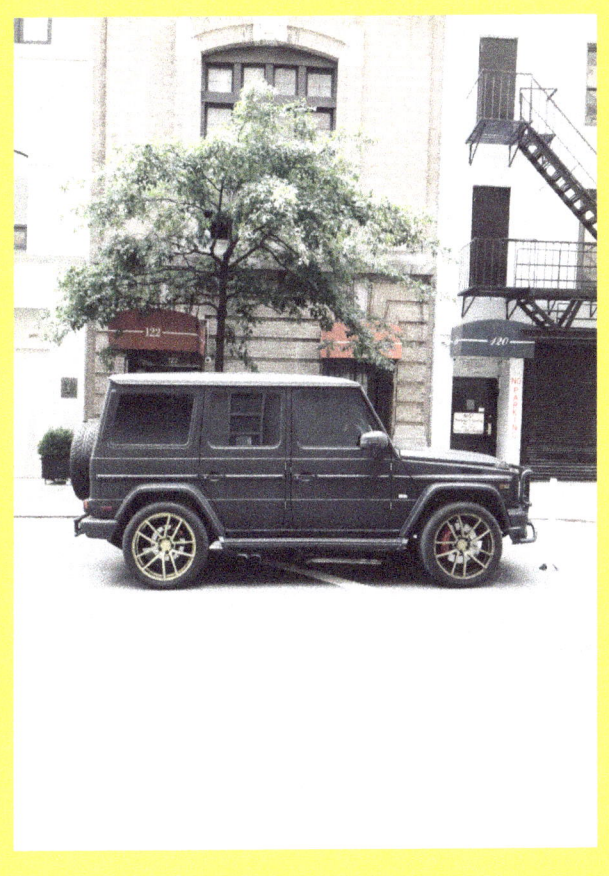

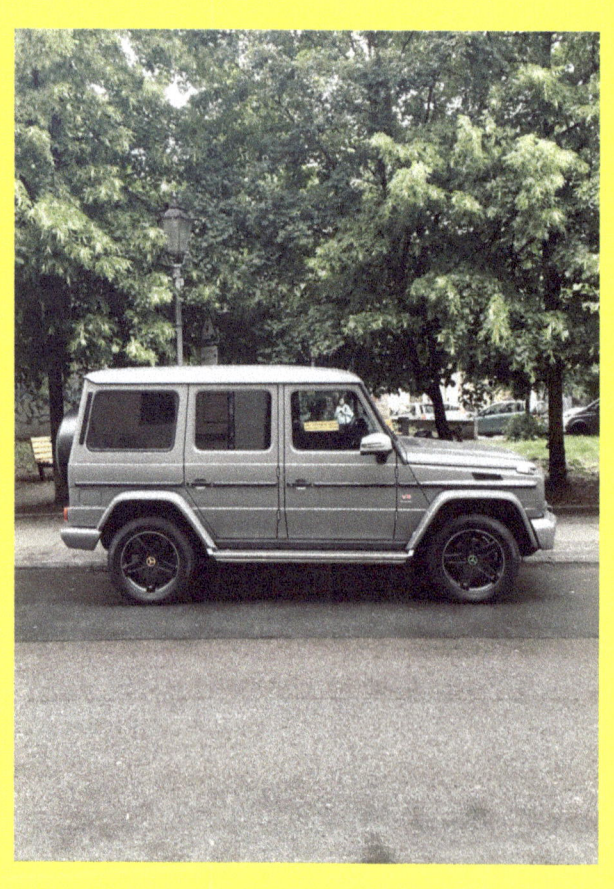

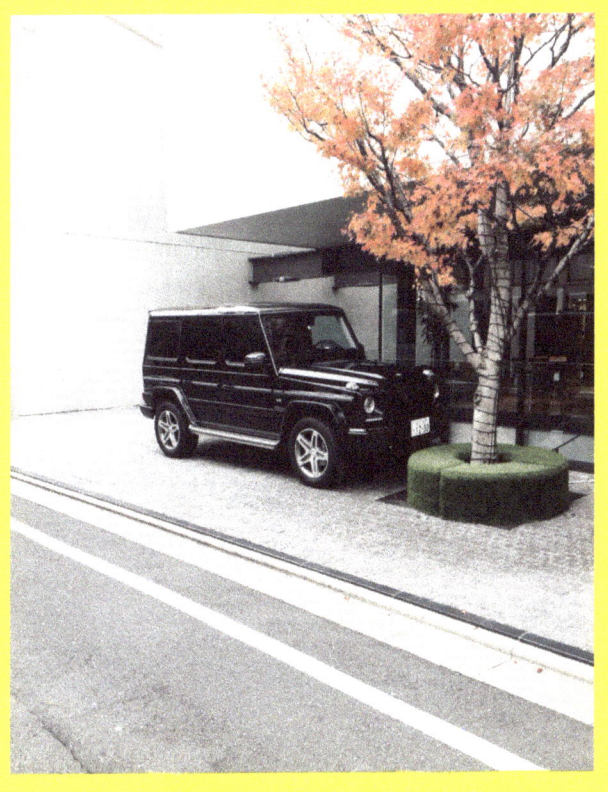

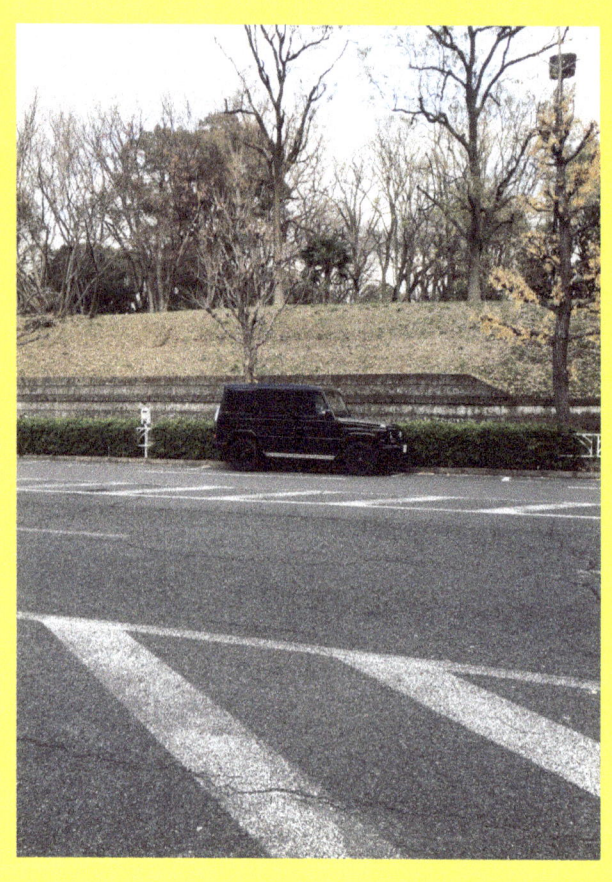

ROVER

ROVER

ROVER

ROVER

ROVER

ROVER

ROVER

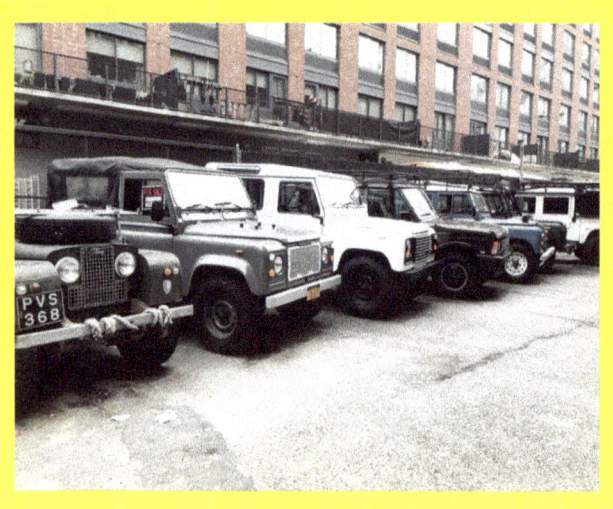

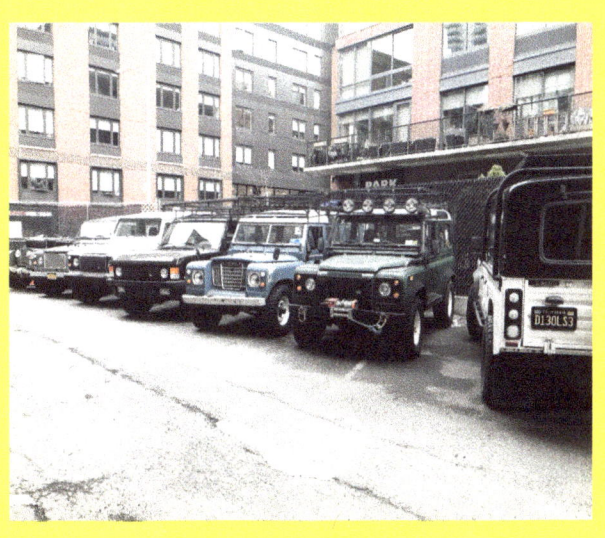

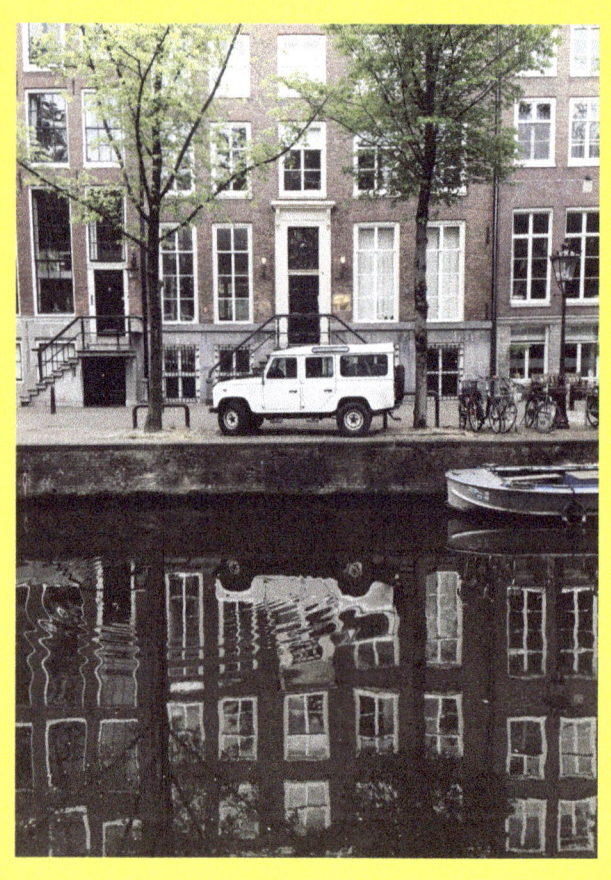

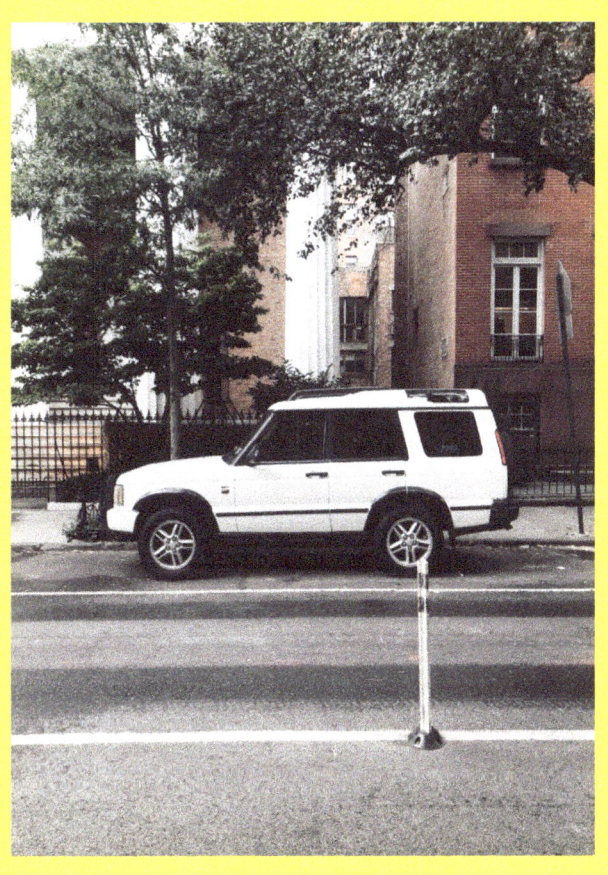

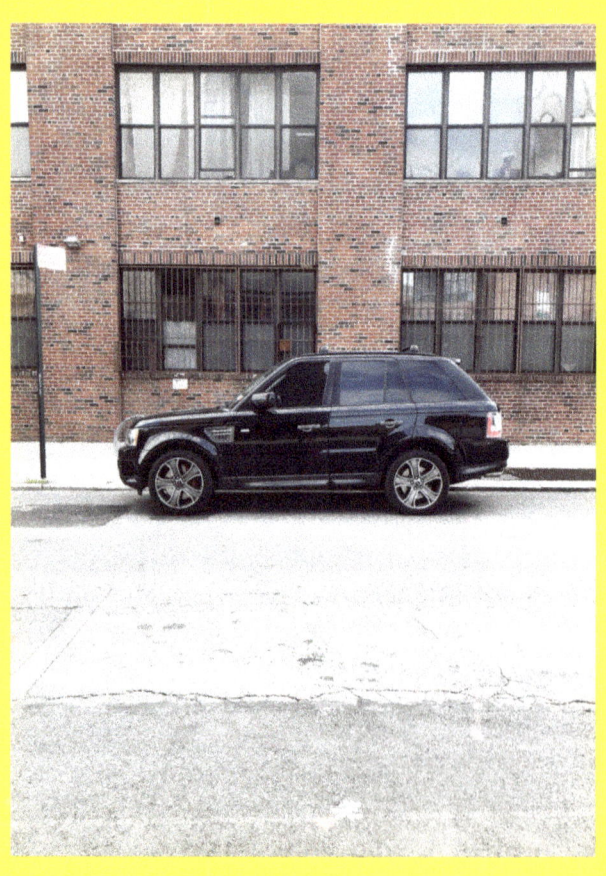

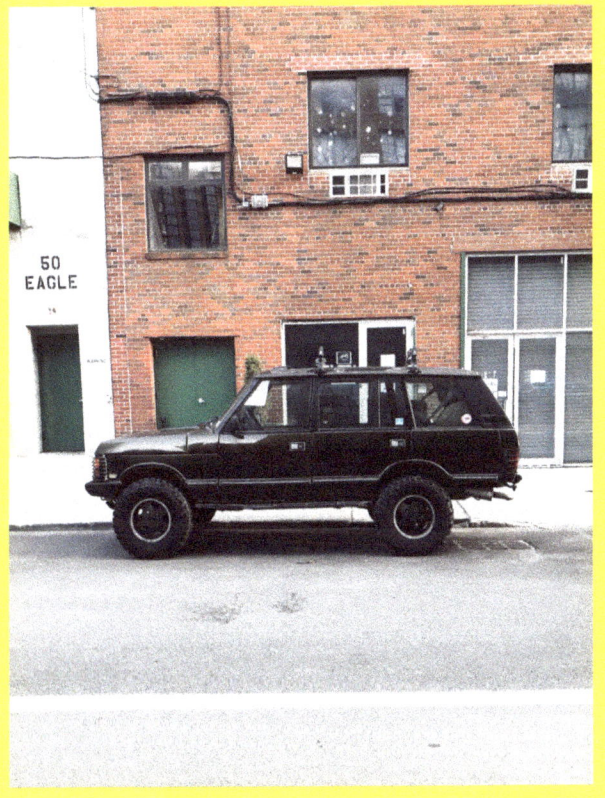

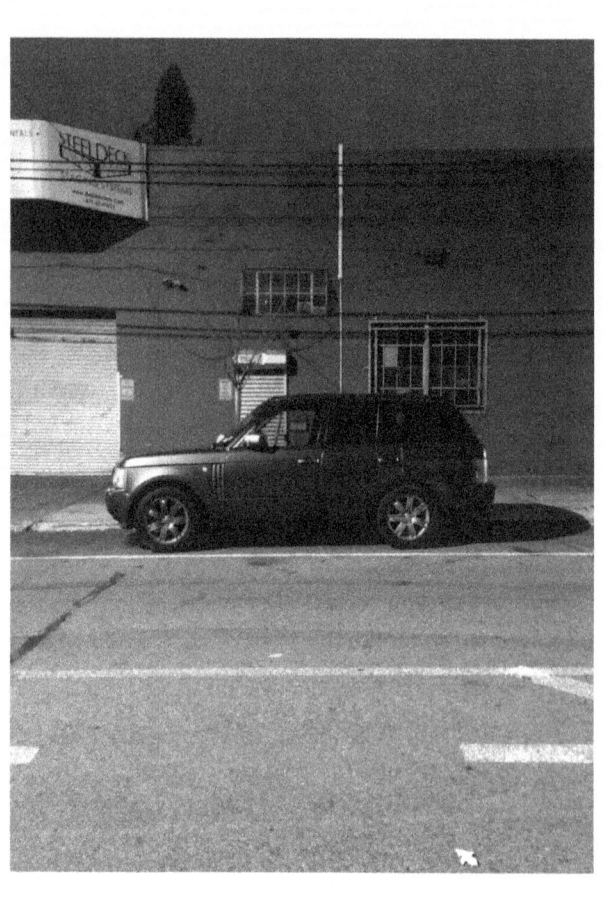

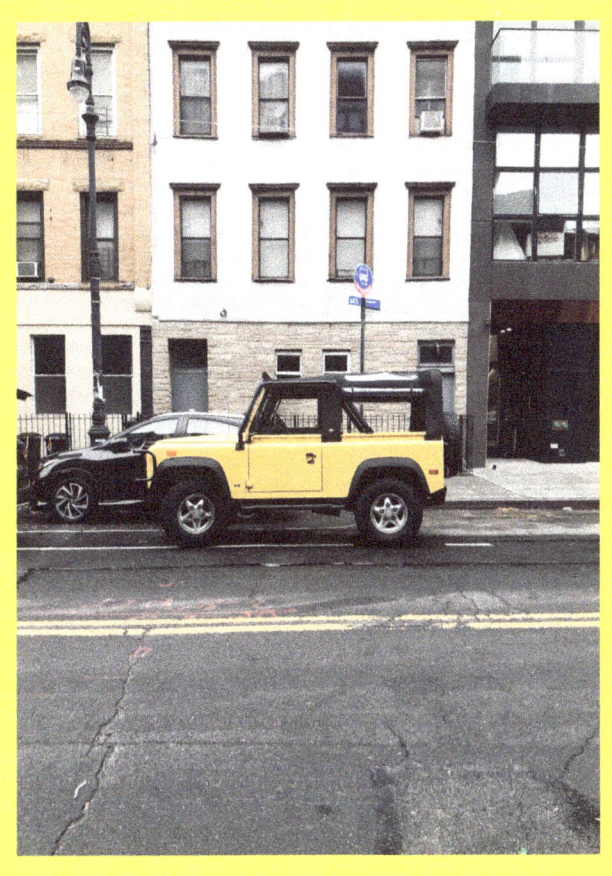

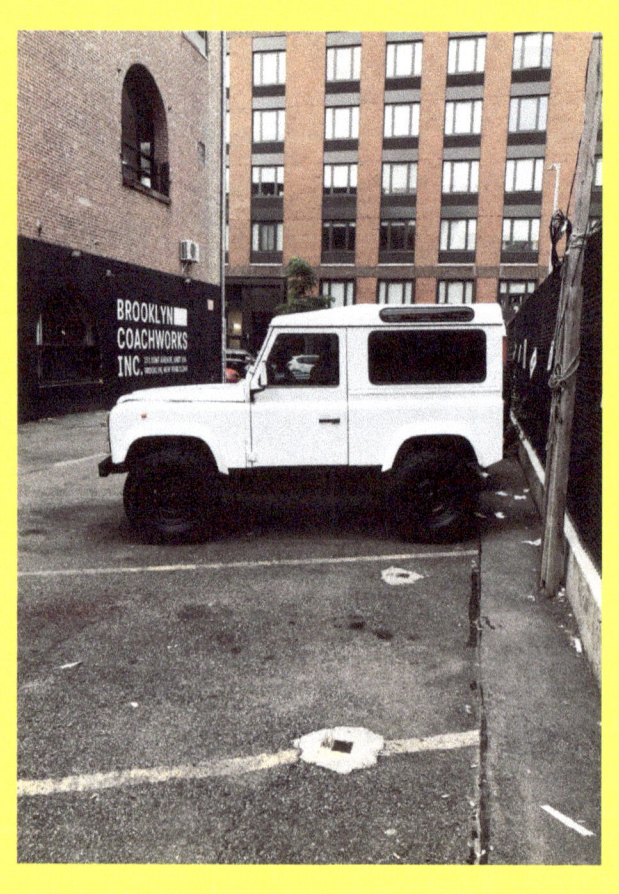

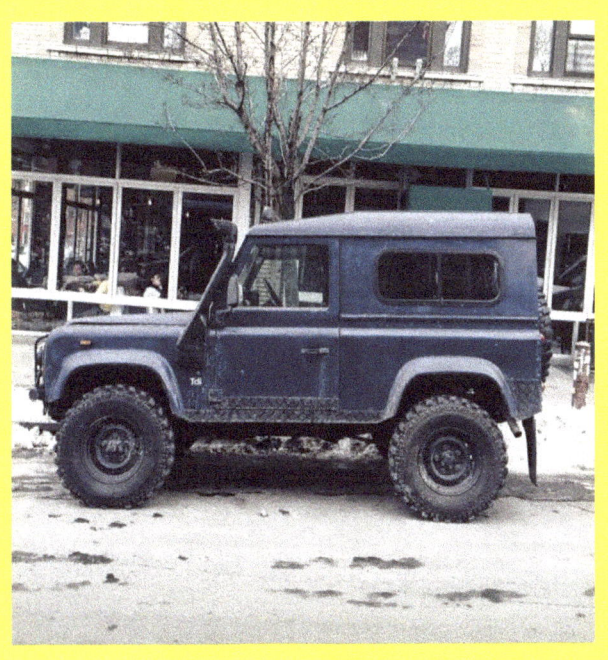

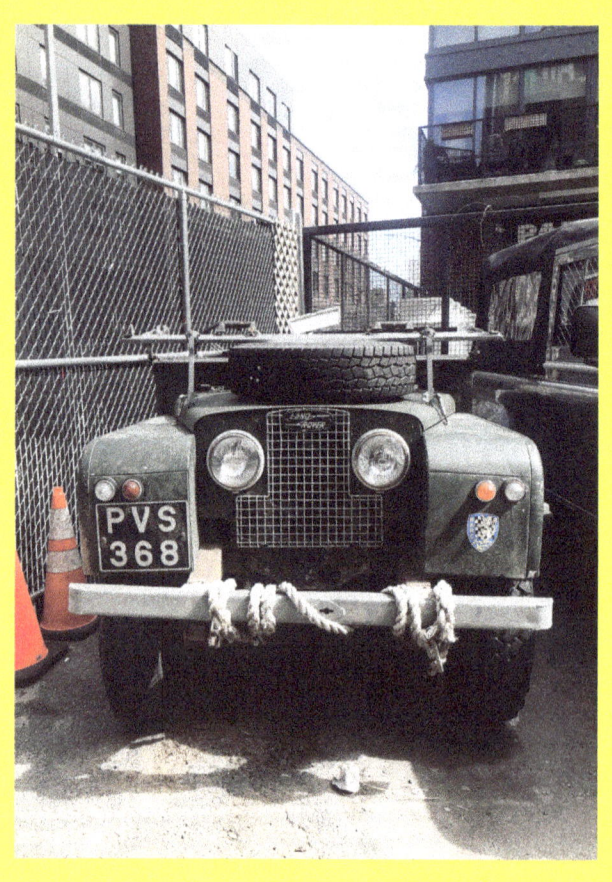

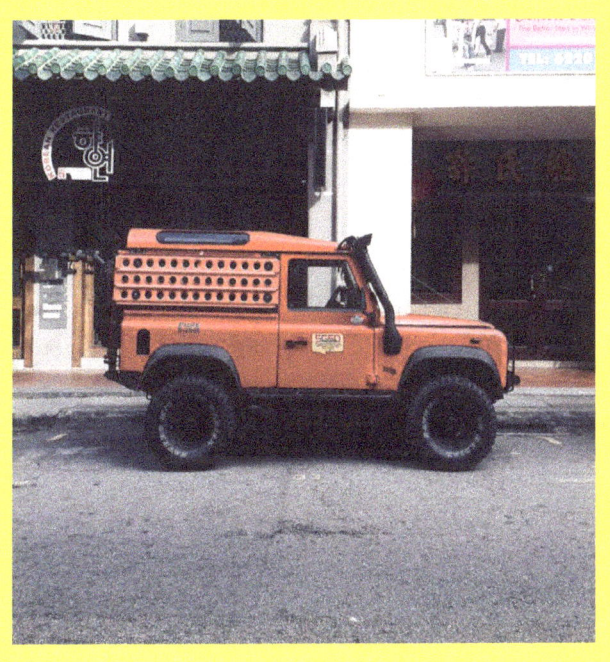

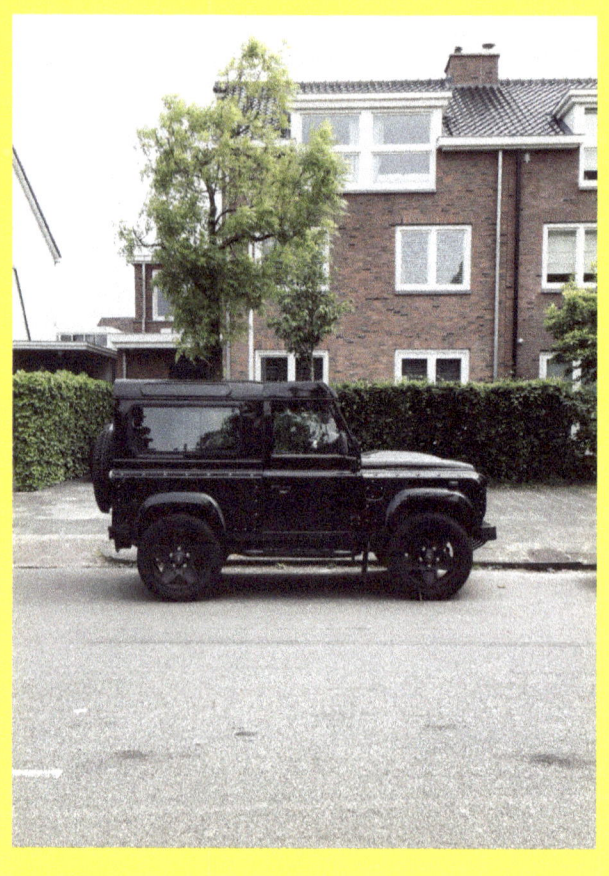

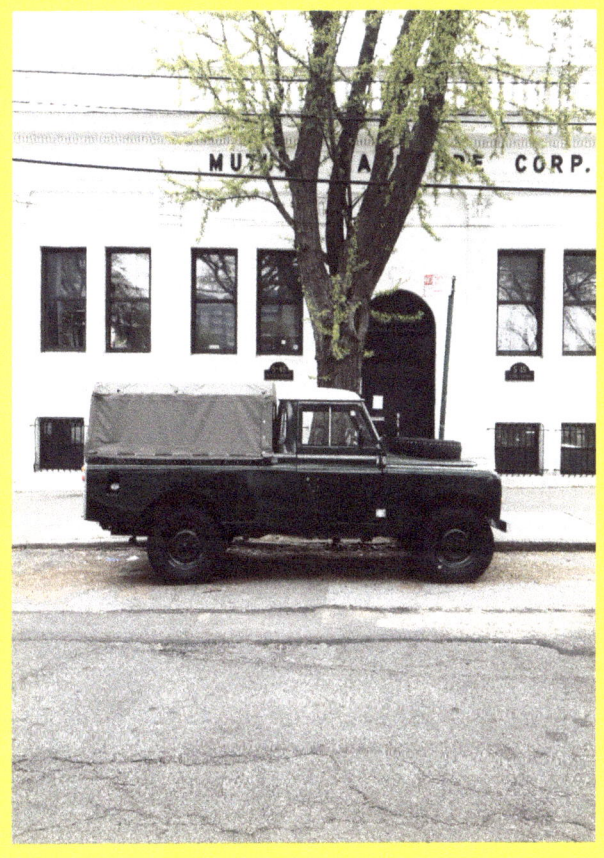

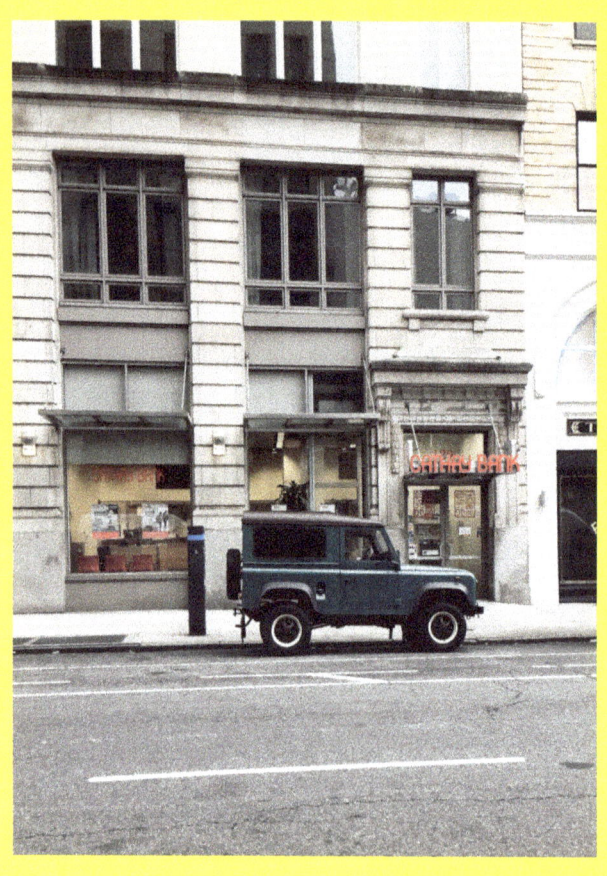

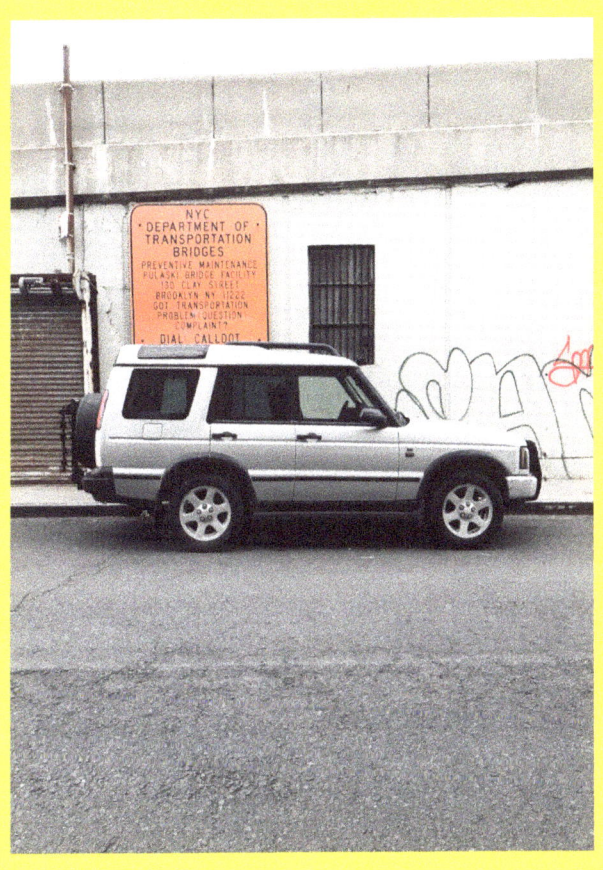

END

END

END

END

END

END

END

DRIVE FAST DON'T STOP

DRIVE FAST DON'T STOP

DRIVE FAST DON'T STOP

DRIVE FAST DON'T STOP

DRIVE FAST DON'T STOP

DRIVE FAST DON'T STOP

DRIVE FAST DON'T STOP

DRIVE FAST DON'T STOP

DRIVE FAST DON'T STOP

AUTOMOTIVE PHOTO ARCHIVE
BY
MATTHEW JOCELYN

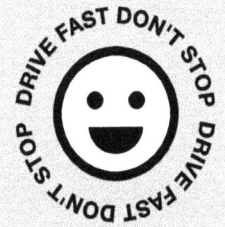